Quiénes somos

Joe Rhatigan

¿Qué es la cultura?

La cultura es cómo vivimos.
Incluye nuestra música y nuestras comidas.
Incluye nuestras festividades y religiones.
También incluye nuestro idioma.

Los estadounidenses comparten el país.
Pero hay muchas culturas diferentes.
Eso hace que el país sea especial.

Salta a la ficción

El primer día

Ana se para frente a la clase.
—¿Cómo es Perú? —dice Kyle.
—¿Qué comen? —pregunta Stacy.
Ana está confundida.
Perú es un lugar normal.
La comida es normal.

En el recreo, Ana siente que los demás niños la miran raro.
Pero luego Kyle dice:
—¡Juguemos a las traes!

Ana sonríe.
¡Le encanta jugar a las traes!
Pronto, Ana es parte del juego.
Ya no se siente extraña.

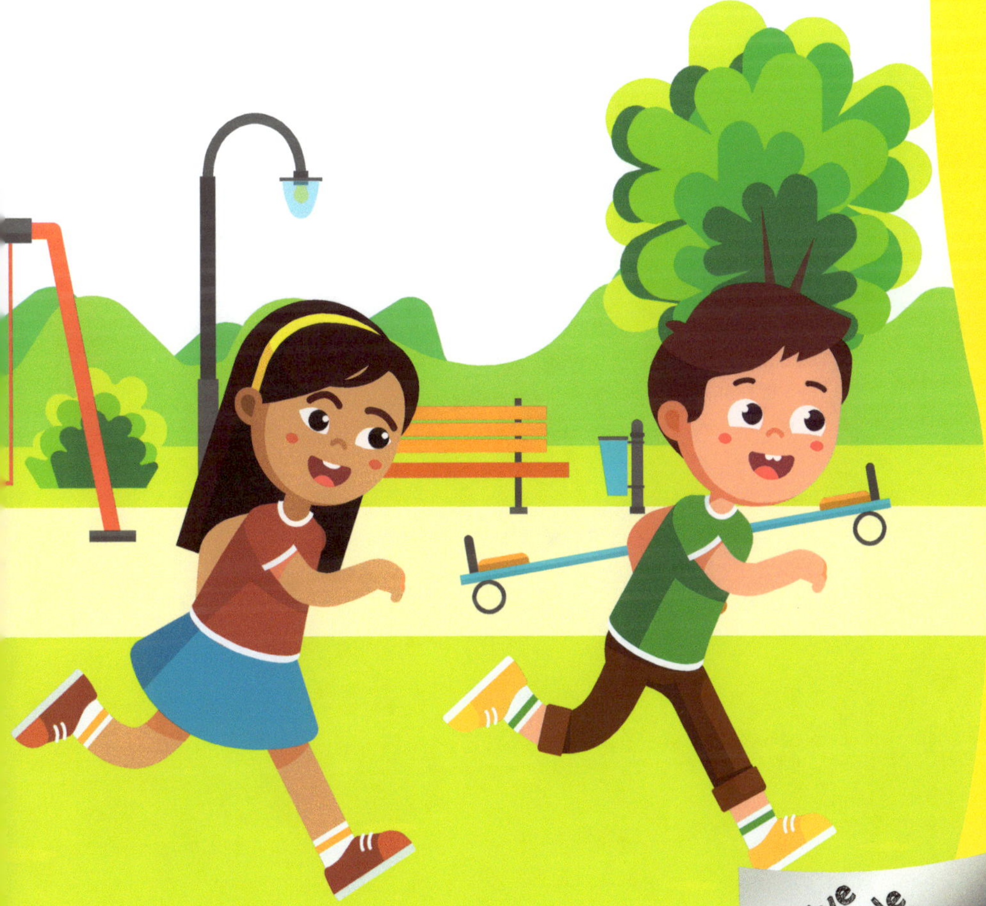

Vuelve al texto de no ficción

Somos diferentes

La manera en que vives es normal para ti.
Pero puede parecer extraña para otros.
Todos somos diferentes.
Tenemos culturas diferentes.

Los juegos que jugamos

En Estados Unidos, los niños juegan a las traes.
En Brasil se llama *queimada*.
Ana lo llamaría las chapadas.

Las personas hacen cosas divertidas en cada cultura.
Hacen fiestas y desfiles.
Bailan y cantan.
También comen comidas deliciosas.

¡Guerra de comida!

Buñol es una ciudad de España que tiene una fiesta divertida.
Llegan personas de todas partes.
Entonces, ¡se arrojan tomates unos a otros!

¿Y las festividades?
Los musulmanes celebran una fiesta importante en la primavera.
Los chinos cuelgan faroles en el otoño.
¡Hay días especiales en cada lugar!

¡Comparte lo que sabes!

A las personas les gusta compartir su cultura.

Pueden publicar fotos y videos.

Pueden compartir canciones y poemas.

Internet nos ayuda a compartir.

Nos ayuda a aprender sobre los demás.

¡Hora de un cuento!

Cada cultura tiene sus propios cuentos.
Los cuentos pueden ser graciosos o dar miedo.
Ayudan a las personas a celebrar su cultura.

Ser diferentes es bueno

Algunos niños pueden ser crueles, tanto en línea como en persona.

Pueden burlarse de cómo otros se visten o hablan.

Pueden decir cosas crueles sobre lo que otros hacen.

Así, hacen que lo diferente parezca extraño o dé miedo.

Eso puede cambiar si aprendemos más sobre otras culturas.

De esa manera, podemos ver que todos somos especiales.

Podemos ver que ser diferentes es bueno.

Y podemos ver en qué nos parecemos.

Cómo aprender

Es divertido probar cosas nuevas. Puedes probar nuevas comidas y nuevos idiomas.

¡Haz preguntas y aprende más!

Aprender más puede ayudarnos a ver el mundo de otra manera.
Cosas que antes nos parecían extrañas luego pueden parecernos normales.

Todos somos diferentes.
¡Pero todos somos humanos!
Todos tenemos sentimientos.

Piensa y habla

¿Qué te hace especial?

¡Celebrar nuestras diferencias es genial! Podemos hacer que el mundo sea un lugar seguro para todos.
Podemos ser amables y aprender de los demás.
Todos podemos decir con orgullo: "¡Así somos!".

Civismo en acción

Organiza una feria de culturas. Úsala para ayudar a tus compañeros a aprender sobre los demás.

1. Crea un cartel sobre ti.

2. Trae un objeto de tu casa que ayude a los demás a aprender sobre ti.

3. Comparte tu cartel y tu objeto. Escucha también lo que comparten los demás.

www.ingramcontent.com/pod-product-compliance
Lightning Source LLC
Chambersburg PA
CBHW041507010526
44118CB00001B/42